KÖLNER SCHIMPFWÖRTER

Jupp Färver

Kölner Schimpfwörter

herausgegeben von
Ertay Hayit

J.P. BACHEM VERLAG

Autor: Jupp Färver
Herausgeber: Ertay Hayit, M.A.
Cartoons: Harm Bengen

Bibliografische Information Der Deutschen Bibliothek
Die Deutsche Bibliothek verzeichnet diese Publikation in der Deutschen Nationalbibliografie; detaillierte bibliografische Daten sind im Internet über http://dnb.ddb.de abrufbar

4. Auflage 2004

Einband: Michaela Müller, Bergisch Gladbach
Satz, Layout: Mundo Marketing GmbH, Köln
(www.mundo-marketing.de)
Printed in Germany
ISBN 3-7616-1733-X

www.bachem-verlag.de

Inhalt

Schänge mit Hätz

Kölsche Tön – derb und ungeniert, aber immer voll Gemüt

Eines steht fest: In Köln ist man nicht auf den Mund gefallen. Wer als Stadtfremder einmal durch die typischen Viertel schlendert, merkt schnell: Hier redet man gern, viel und laut. Und – was nicht überall selbstverständlich ist – man redet miteinander.

In Köln trifft man mit Sicherheit nicht auf einen schweigsamen, eigenbrötlerischen Menschenschlag. Im Gegenteil – Geselligkeit wird in dieser Stadt groß geschrieben.

Die Nachbarschaft und die Straßengemeinschaft sind in Köln mindestens ebenso wichtig wie die Verwandtschaft (wenn nicht wichtiger), und ob man nun die *ahl Frau Schmitz* beim Einkaufen auf der Straße trifft oder *et fussich Marie met ihre Pänz* (die rothaarige Maria mit ihren Kindern) im Stadtpark auf dem Spielplatz – da ist erst mal ein *Verzällche*, ein Schwätzchen, fällig.

Noch eines wird man wahrscheinlich schnell merken: Der kölsche Dialekt ist nicht unbedingt – jedenfalls selten auf Anhieb – eingängig oder gar sympathisch.

Klingt die Sprache auch zunächst melodisch und flüssig in den Ohren, einem breiten Singsang ähnlich, spätestens wenn man auf das achtet was gesagt wird, verschlägt es dem Fremden oft die Sprache; denn Kölsch ist derb und unverblümt.

Ein Dialekt mit Charakter: ehrlich und unverblümt

Um Kölsch zu lieben, muss man damit vertraut werden, die Sprache kennen lernen und auch die Menschen, die sie sprechen. Dann bekommt man ein Gespür für die besondere Qualität dieses Dialektes, seine Doppelseitigkeit, bei der das Derb-Drastische und das Zärtlich-Liebevolle meist eng beieinander liegen, oft sogar austauschbar sind.

„Do fiese Aaschknubbel" tituliert vielleicht der Autofahrer seinen unverschämten Zeitgenossen, der ihm den Parkplatz vor der Nase weggeschnappt hat, aber *„ming klein Aaschknübbelche"* nennt auch die Mutter zärtlich ihr Baby, das rosig strampelnd in ihrem Arm liegt. Vielleicht ist es gerade die Freude an der Geselligkeit, das selbstverständliche miteinander Umgehen, das der kölschen Sprache ihre Derbheit verliehen hat.

Denn Derbheit bedeutet schließlich auch Offenheit, die Möglichkeit, ehrlich sagen zu können was zu sagen ist – was allemal der Grundstein für ein friedlich-tolerantes Zusammenleben ist.

Kein Zweifel, in Köln sagt man was man denkt. Sagt man es jedoch auf Kölsch, so verliert, was auf Hochdeutsch vielleicht bösartig und aggressiv klingt, ein wenig seinen Stachel.

Ein Dialekt mit Gefühl: bildhaft und humorvoll

Wer Kölsch spricht, muss beobachten können, sowohl die Mitmenschen (sich selbst eingeschlossen), als auch alles andere, was um ihn herum geschieht. Und um beobachten zu können, braucht es eine gehörige Portion Interesse, Neugier, Aufgeschlossenheit.

Deshalb ist das Kölsche auch immer noch eine lebendige Sprache, die fähig ist, durch Wortneuschöpfungen und -kombinationen stets dem momentanen Geschehen, der aktuellen Situation gerecht zu werden. Kölsch ist eine kreative, variable Sprache, mit der man jede Situation voll auskosten kann, die stets neue Möglichkeiten und Anstöße für ihr breites Repertoire findet.

Und nicht zuletzt: Kölsch ist humorvoll. Das ist einfach eine Sache der Mentalität. Selbst wenn das Gesagte noch so derb klingt, es wird (fast) immer mit einem Augenzwinkern ausgesprochen. Was den kölschen Sprachschatz geformt hat, war wohl meist eher die Freude an kräftiger Lautmalerei als der Wunsch, eine andere Person mit Worten niederzumachen. Denn das Klischee vom umgänglichen Rheinländer, dem Frohsinn und Lebensfreude schon in die Wiege gelegt werden, ist durchaus nicht aus der Luft gegriffen.

Ein volkstümlicher Dialekt: schrankenlos und unverkennbar

Der kölsche Dialekt ist auch immer eine Volkssprache gewesen, die keine sozialen Schranken kannte. Noch bis in dieses Jahrhundert hinein sprach man Kölsch sowohl in der Familie des Bürgermeisters als in der des Kohlenträgers. Nur wenige Dialekte haben somit wohl auch so stark als ein einendes soziales Element gewirkt. Heute allerdings hat das Kölsche – wie die meisten Dialekte – einen schweren Stand. So sprechen es die, die keine Bildung haben, die eben nicht richtig Hochdeutsch sprechen können, meint man vielerorts und bemüht sich eifrig um reine hochdeutsche Klänge. Wenn auch das Kölsche über Kölner Musikbands wie z.B. die „Bläck Fööss", die „Höhner" oder die auch weit über die Grenzen Kölns hinaus bekannte Popgruppe „BAP" – um nur einige zu nennen – eine Renaissance erlebt. Kölsch zu sprechen, wird scheinbar wieder salonfähig, ist wieder „in" – und das nicht nur zur Karnevalszeit. Darüber hinaus – wirklich verleugnen kann ein „waschechter" Kölner seine Herkunft sowieso nie, jedenfalls nicht, sobald er den Mund aufmacht. Die typische Betonung und der eigentümliche, singende Tonfall lassen sich auch mit bestens einstudiertem Hochdeutsch kaum überdecken.

Jupp Färver

Et jeit los !

Kölsche Schimpfwörter von A-Z

Aapefott • Hinterteil eines Affen, *„Do häs e Jeseech wie en Aapefott"*

> **Iss die Aap och Banane?**
>
> Isst der Affe auch Bananen? *(Bemerkung über eine hässliche Person)*

Aapejeseech • (= Affengesicht)

Aapestetz • (= Affenschwanz)

Aaschjeseech • Gesicht wie ein Hintern

Aaschkröffer • Schmeichler, Arschkriecher

Aaschkrutter • Schmeichler, Arschkriecher

Ähzezäller • (= Erbsenzähler); ein sehr genauer, penibler Mensch (jemand der einen Sack Erbsen aufmacht und dann noch nachzählt)

Andräjer • jemand der einer anderen Person etwas „andreht", ein Verleumder

avjeleckte Herringsstetz • abgeleckter Heringsschwanz – sagt man zu jemandem, an dem charakterlich nichts dran ist

Babaditzje • jemand der sich nicht benehmen kann, kindisch ist, „baba" (= Dreck, Unordnung) macht

Bäbbelschnüss • Schwätzer, Vielredner

Balch • ungezogenes Kind

Bangendresser • jemand dem „bange" ist; ein ängstlicher oder übervorsichtiger Mensch

DA FEHLT ABER EINE!
DER HERR IST ÄHZEZÄLLER?
HB

Banneseeres • muffelige, unfrohe Person

ahle Bienebüjjel • geiler Alter, geiler Mensch (Slang)

Bloosrohr • (= Blasrohr); charakterlich hohler Mensch

Blötschkopp • stumpfsinniger Mensch

Blötschnas • Dummkopf; jemand der einen „Blötsch" an der Nase hat (eingedrückte Nase)

Blubber • jemand der unentwegt „blubbert"; Schwätzer

Brummes • (= Brummbär); schlecht gelaunter Mensch, brummiger Mensch

Bubbelazius • jemand der viel „bubbelt"; Schwätzer

Büggelschnigger • (= Beutelschneider); Wucherer

Bumskopp • jemand der mit dem Kopf durch die Wand geht; Dickkopf

Bunnestang • (= Bohnenstange); spöttische Bezeichnung für dünnen, lang gewachsenen Menschen

Buzemann • Person, vor der Kinder Angst haben

Dagedeev • (= Tagedieb); Faulenzer

Daugenix • (= Taugenichts)

Deckkopp • (= Dickkopf); jemand der seinen Willen durchsetzen möchte

Decksack • (= Dicksack); eine dicke, füllige Person

Donnerletsch • Donnerlittchen, Donnerwetter!

BLÖTSCHKOPP!
BLÖTSCHNAS!

Döppcheskicker • (= Töpfchen-Gucker); jemand der sich ausgiebig um den Haushalt kümmert; verächtlich für: Hausmann

Döppe • Dummkopf, Tölpel

Döskopp • Schlafmütze; jemand der döst (tagträumt)

dreckelige Hals • (= ungewaschener Hals); für ungepflegte Person

Dress • Mist!

jangk drießen • hau ab! (wörtlich: „geh scheißen!")

Drießkerl • (= Scheißkerl)

Drießkopp • vollgeschissener Kopf

Drüchkäl • langweilige Person (wörtlich: „trockener Kerl")

Duckmüser • (= Duckmäuser); Betrüger, Heimlichtuer

Dusel • langsame, langweilige Person

Düvelshungk • (= Teufelshund); Lump, Gauner

Eieraasch • Person, die ihr Gesäß beim Gehen so bewegt, als liefe sie auf Eiern

Eselkopp • (= Eselskopf); starrsinniger, eigenwilliger Mensch

Fäch • (= Fege); Frau die mit dem Feger allem hinterher ist; herrschsüchtige, durchtriebene Person

Fächföhr • (= Fegefeuer); gemeint: Frau die einem das Leben so schwer macht, als sei man im Fegefeuer

DÖPPCHES-
KICKER!
DECK-
SACK!
HB

Fedderfuchser • verächtlich für Schreiber, Schriftsteller; jemand der durch seine Schreiberei andere ärgert

Ferkeskäl • (= Ferkelskerl); gemeint: unausstehlicher, widerlicher Mensch; auch: jemand der gegen die guten Sitten verstößt

Ferkeskopp • (= Ferkelskopf); spöttische Bezeichnung für Menschen mit einem unförmigen Kopf bzw. mit anstößigen Gedanken

Feschjeseech • (= Fischgesicht)

Feschwiev • (= Fischfrau); Frau die auf dem Fischmarkt arbeitet; als Schimpfwort: „grobes Weib"

Flabbes • flapsige Person, die alles nicht sehr ernst nimmt. Auch: vergessliche, zerstreute Person, meist gutmütig gemeint, *„Do bes ne Flabbes!"*

Fläjel • (= Flegel); Person die sich nicht benehmen kann, ungezogen ist; Lümmel

Flappohr • (= Hängeohr); jemand der sich lümmelhaft benimmt

Flatschmul • Schwatzmaul, Schwätzer

Flutschohr • spöttisch für jemanden mit großen, abstehenden Ohren

Fopper • Necker; jemand der andere ärgert und aufzieht

Föttchesföhler • wörtlich: „Po-Streichler"; aufdringliche Person, die gerne Frauen anfasst, *„Pass op, dat es ne Föttchesföhler!"*

Wenn dä stirv, möht mer demm sing Mul extra dutschlage.

Wenn der stirbt, muss man seinen Mund extra totschlagen.

Fott • (= Hintern); nicht ganz so derber Ausdruck wie „Aasch“ (= Arsch)

Fress • (= Fresse); Mund, *„en de Fress haue”*

Fressalles • Nimmersatt, habgieriger Mensch

Fressklötsch • ein Mensch, der viel essen kann; dicke Person

Fuss • rothaarige Person

Futzemann • (= Furzmann); jemand der sich aufspielt, Angeber

Fuulenzer • (= Faulenzer)

Fuuteler • Betrüger

fuuler Sack • (= fauler Sack); Faulpelz

Dä friss sich die Auge zo.
Der frisst sich die Augen zu.

Dä friss wie en Päd.
Der frisst wie ein Pferd.

Haggepack • Gesindel

Halsafschnigger • (= Halsabschneider); Betrüger, jemand der stets versucht, andere zu übervorteilen

Halunk • (= Halunke); Schuft, Bösewicht

Halunkepack • Gesindel, Diebespack

Hanak • Halunke, Gauner, Spitzbube; durchtriebene Person, gerissener Kerl, *„Su en Hanak!”*; auch harmlos gemeint: Schlingel

Hanswoosch • (= Hanswurst); lächerliche, tollpatschige Person

Hasefoß • (= Hasenfuß); ängstliche Person, Zauderer, Feigling

HILFE! HIBLBL... HI...
BLUBBER!

Heffebutsche • (= Hefefässchen); Schimpfwort für jähzornige, cholerische Person

Heimdücker • (= Heimtücker); hinterlistige, intrigante Person

Herringsbändijer • kraftloser Mensch; jemand der gerade mal „Heringe bändigen" kann

Dä hät de Kopp nur zum Hoorewäsche.

Der hat den Kopf nur zum Haare waschen.

Hetzkopp • (= Hitzkopf); jähzornige, cholerische Person

Holzkopp • (= Holzkopf); engstirnige Person

Höppemötzje • (= Hupfmütze); spöttisch für jemanden, der nicht ernst zu nehmen ist

Horeminsch • (= Hurenmensch); für Frauen mit liederlichem Lebenswandel

Horepack • (= Hurenpack); Gesindel

Huddeler • schlampige, nachlässige Person

Huddelsminsch • schlampige, nachlässige Frau

Hungsfott • Bezeichnung für das Geschlechtsteil der läufigen Hündin; derbes, starkes Schimpfwort

Huusdrache • (= Hausdrachen); dominante, zänkische, befehlshaberische Ehefrau

Imi • Nicht-Kölner

Jabbeck • *„Halt dinge Jabbeck!"* = „Halt deinen frechen Mund; halt den Schnabel!, sei still!"

Jaljestropp • (= Galgenstrick); Tunichtgut

Jauner • (= Gauner); *„Do ahle Jauner!"* = „Du alter Gauner!"

do verdötschte Jeck • etwa: „Du verrückter Narr"; spöttisch für jemanden, der sich naiv, einfältig gebärdet

do stief Jedresse • etwa: „Du steife Scheiße"; Faulenzer; auch Bezeichnung für gehemmte Person

Jeizhals • (= Geizhals); habgierige, geizige Person

Jepekrätzer • (etwa: Kratzbürste); zänkische, unzufriedene Person

Jespens • (= Gespenst); spöttisch für dürre, hagere Person

Jömerpott • (= Jammertopf); mitleidheischende, ständig wehklagende Person

Jöz • mitleidheischende, notorisch jammernde Frau

Jrantelersch • abgeleitet von *„jranteln"* (= betteln); Schimpfwort für Frau, die ihre Umgebung ständig mit Bitten und Ansuchen belästigt

Dä hät ene nevven sich jon!

Der hat einen neben sich gehen.
(Der ist viel zu verrückt für eine Person, das müssen zwei sein.)

Jriesgram • (= Griesgram); brummige, mürrische Person

Jroßmul • (= Großmaul); Angeber, Aufschneider

Jroßschnauz • siehe „Jroßmul"

Jrovianes • Grobian

Jrumbär • nörglerische, brummige, mürrische Person

Jrummelspott • (= Grummelstopf); mürrische, brummige, nörglerische Person

Jungeläufer • weiblicher Schürzenjäger

Kaastemännche • Bezeichnung für eine Münze von geringem Wert; im übertragenen Sinne: mickrige Person

Die fingk Saache, die hät noch keiner verlore.

Die findet Sachen, die noch gar keiner verloren hat. (Über jemanden der immer alles mitnehmen will.)

Kabänes, su ne Kabänes • mehr scherzhafte Bezeichnung für einen großen, vierschrötigen Menschen

e Kabäßje maache • sich einen Spaß erlauben, jemanden ärgern

e Kabäßje han • eine Auseinandersetzung haben

kabbele / sich kabbele (auch: käbbele) • streiten (mit Worten) um Geringfügigkeiten

Kabbelei • kleinliche Auseinandersetzung (mit Worten)

Kack; su 'ne Kack • (= Kacke, Scheiße; menschliche Fäkalien); Schimpfwort um sich in ärgerlichen, widrigen Situationen Luft zu machen

Kackaasch • derbe Bezeichnung für den „Hintern", das Gesäß; Schimpfwort für Erwachsene, aber auch Kosewort für Kleinkinder

Kackdresser (Kaggedresser) • noch nicht flügger Vogel; im übertragenen Sinne: jemand der noch „grün hinter den Ohren" ist

Kacker, su ne Kacker • übergenauer Mensch; jemand der sich an Kleinigkeiten, Nebensächlichkeiten aufhält, Krämerseele; etwas beschönigt: siehe „Korinthekacker"

Kackstivvel • Stiefel für Schmutzarbeiten; im übertragenen Sinne: Schimpfwort für jemanden der einen schlechten Charakter hat

Kadderlak • siehe „Kakerlack"

Kadett, su ne Kadett • Zögling des preußischen Militärs; eher scherzhaft für Muttersöhnchen, *„e nett Kadettche"*; Schimpfwort für ehrlose, unzuverlässige Person

Kaffeemöhn • (= Kaffeetante; „Möhn" = Muhme, Schwester der Mutter); Bezeichnung für geizige Frau, eine die „jede Kaffeebohne einzeln zählt"

Kaffeemüll • (= Kaffeemühle); im übertragenen Sinne: freches Mundwerk

Dä hät en Hau met de Pann krejen.

Der hat einen Schlag mit der Pfanne bekommen (der ist völlig verrückt.)

Kaffer • Schimpfwort für dumme Menschen, für solche, die das Wesentliche nicht begreifen, entweder aufgrund mangelnder Bildung oder aufgrund mangelnder geistiger Kompetenz

Kakerlack (Kadderlack) • Küchenschabe; Schimpfwort für lichtscheues Gesindel

Kalfakter • wörtlich: Diener; Schimpfwort für Personen, die sich auf liebedienerische Art einschmeicheln, die andere Personen hinter deren Rücken schlecht machen, um sich selbst in ein besseres Licht zu setzen; auch für Streber

kalfaktere • sich auf Kosten anderer einschmeicheln; viel Aufhebens um die eigene Person machen; andere anschwärzen, um selbst besser dazustehen

Kallen-Dresser • (= Kallen-Scheißer), Regenrinnen-Scheißer; Figur die am Kölner Alter Markt 40 zu besichtigen ist und die „Leck'-mich-am-Arsch-Haltung" demonstriert

kälsdoll • (= mannstoll); Schimpfwort für Frauen, die sich jedem Mann an den Hals werfen, *„Die es jo kälsdoll!"*

kälsjeck • *„Die es jo kälsjeck!"*; siehe „kälsdoll"

Kalv • (= Kalb); sinnbildlich für Tölpel, einfältiger Mensch

kalve • sich tölpelhaft aufführen

Kalverdräjer • (= Kälbertreiber); Spottname für tölpelhafte Menschen

Kalverei drieve • sich albern benehmen

Kalvskopp • (= Kalbskopf); für tölpelhafte, ungeschickte Menschen

do häs he nix ze kamelle • „du hast hier nichts zu sagen; du kannst hierbei nicht mitreden"; Kamelle (= Bonbon)

ahl Kamelle • (= alte Bonbons); im übertragenen Sinne für überholte Mitteilungen, bereits Bekanntes, *„Dat sin doch ahl Kamelle."*

Kamelle jevve • jemandem Ohrfeigen geben

kamesöle, verkamesöle • prügeln, jemanden verhauen

jemandem an et Kamesol kumme • jemanden prügeln, verhauen (Kamesol, Kamisol = Jacke)

däm es der Kamm jeschwolle • „der hat einen geschwollenen Kamm"; Schimpfwort für eitle, überhebliche Menschen

Kanalje • nach dem franz. „canaille": Hund; Schimpfwort vor allem für Frauen im Sinne von: bösartiges, niederträchtiges Weibsstück

Kanaljepack • Gesindel, menschlicher Abschaum

Känedrießer • (Kernscheißer); im übertragenen Sinn: übergenauer Mensch; jemand der sich an Kleinigkeiten, Nebensächlichkeiten aufhält; Krämerseele

> **Dä es en Vollwoch!**
>
> Der ist die ganze Woche über betrunken.

unger aller Kanon • nach dem lat.: „sub omni Canone" (sehr schlecht); eine unzumutbare, schlechte Leistung

Kanonestopper • (= Kanonenstopfer); im übertragenen Sinne für kleine, dicke Knaben, aber auch für kleingewachsene, dicke Erwachsene

kanonevoll • besoffen

Kapottmächer • (= Kaputtmacher); für destruktive Menschen, auch für unkollegiale Geschäftsleute

däm Herrjott de Kapp obsetze • (= dem lieben Gott die Mütze aufsetzen); im übertragenen Sinne: abends in die Kneipe gehen

Kappes, dat es doch Kappes • (= Weißkohl); im übertragenen Sinne: nichts wert

DRÜCHKÄL!
FATA MORGANA
2 KM

Kappeskopp • (= Kohlkopf); Dummkopf

Kappesboor • (= Kohl-, Gemüsebauer); übertragen: abwertende Bezeichnung, Titulierung

Karesseerstengel • (Karessant = Freier, Kavalier); jemand der in unlauterer Absicht oder gewohnheitsmäßig den Mädchen nachstellt

ahl Kasteroll, ahl Kasteröllche • (= alte Kasserolle, Schmorpfanne); abwertende Bezeichnung für alte Frau

doll Kasteroll • Spottbezeichnung für verrücktes Mädchen

Katömmelchesnas • (Katömmelchen = Aprikose); spöttische Bezeichnung für Leute mit auffallend dicker, kurzer Nase, *„Dä hät jo en ...”*

katzefründlich • (= katzenfreundlich); im übertragenen Sinne: unaufrichtige, scheinbare Freundlichkeit

Katzejemau • (= Katzenmiauen); spöttische Umschreibung für schrilles, unharmonisches Musizieren, Singen

nit katzjrau sin • (katzjrau = katzengrau); nicht über den Weg zu trauen; einen zwielichtigen Charakter haben

Katzejesang • (= Katzengesang); spöttische Umschreibung für „schiefen” Gesang

kawatsche • jemanden verprügeln (nach „Kawatsch” = Lederriemenpeitsche)

Kennepapa • spöttische Bezeichnung für Personen mit extrem spitz zulaufendem Kinn

Kesselflecker • (= Kesselflicker, ehemaliger Berufsstand); spöttische Bezeichnung für streitsüchtige Menschen

Kiesjeseech • (= Käsegesicht); spöttische Bezeichnung für Personen mit bleichem Gesicht

Kinderzänker • Person die Kinder ärgert, weil sie sich bei Erwachsenen nicht durchsetzen kann

Kippaasch • extrem hervorstehendes Gesäß

kein Kircheleech sin • (= kein Kerzenlicht sein); nicht besonders helle im Kopf sein

Klaafmul • („Klaaf" = Geschwätz; „mul" = Mund, Maul); verleumderische Person

Klaafschnüss • („Klaaf" = Geschwätz; „schnüss" = umgangssprachlich für Mund) verleumderische Person

Klätschauch • (= Triefauge); für unangenehme Person

Klatschbaas • (= Klatschbase); geschwätzige Frau

Klatschbies • verleumderische Person

Klatschkiesjeseech • (= Klatschkäsegesicht); Bezeichnung für jemanden mit sehr hellem Teint oder jemanden der plötzlich bleich wird

Beim KLATSCHKIES handelt es sich um Frischrahmkäse, der im Rheinland – oft aromatisch gewürzt – gerne auf Schwarzbrot gegessen wird.

Klätschkopp • im wörtlichen Sinne: reichlich mit Pomade versehenes Haupt; im übertragenen Sinne: Bezeichnung für eine unangenehme Person

(do häss ne) Klätschkopp • Kopf mit nassglattem Haar

Klatschminsch • auf verleumderische Weise geschwätziger Mensch; in erster Linie für weibliche Personen

Klävbotz • (= Klebe-Hose); ironisch für jemanden, der nicht vom Kneipenstuhl hochkommt, der es allzu lange im Gasthaus aushält

Klävledder • (= Klebe-Leder); siehe „Klävkrückche"

Klävkrückche • (= Klebekräutchen); Besucher der nicht merkt, wenn es Zeit ist zu gehen; lästiger Dauergast

Klochscheeßer • (= Klugscheißer), Besserwisser

Klopphengs • wörtlich: ungezähmter, wild auskeilender Hengst; Schimpfwort für Schlägertypen

Klötsch • (= Klotz); für gefräßige, dicke Menschen

Klüngeler • jemand der im Verborgenen seine Angelegenheiten abwickelt; jemand der über Freundeswirtschaft anstatt durch Können zu lukrativen Geschäften kommt

Klüngelsmatant • weibliche Form von Klüngeler

Klunt • schlampiges Weibsstück

Klut • (= Kloß); rauer, aggressiver Mensch

Klutepack • Gesindel, Pack

Knaatsch • wehleidige, in Selbstmitleid zerfließende Person

Knaatschsack • Heulsuse; gebräuchlich für Kinder, die viel jammern

Knacker • Geizkragen

Knallkopp • Schimpfwort für jemanden, der verrückt, „nicht mehr ganz richtig im Kopf" ist

Knatschjeck • Schimpfwort für jemanden, der total verrückt ist

Knickstivvel • (= Knickstiefel); Schimpfwort für eine geizige Person, jemanden der keinen Pfennig für Äußerlichkeiten ausgibt, z.B. für ordentliche Fußbekleidung

Kniesbüggel • (= Schmutzbeutel); ungepflegter Mensch, geiziger Mensch

Knieskopp, Kniesohr • (= Schmutzkopf, Schmutzohr); Schimpfwort für geizige Person

kniestich sin • wörtlich: schmutzig sein; im übertragenen Sinne: geizig sein

Knochejerämsch • (= Knochengerüst); spöttische Bezeichnung für dürre, magere Person

Knollekopp • spöttische Bezeichnung für eigensinnige, unbelehrbare Person

Knotterpott • Schimpfwort für nörglerische, stets unzufriedene Person, die an allem etwas auszusetzen hat

Knubbelfutz • derbe Bezeichnung für kleingewachsene, rundliche Person

Knudelsminsch, ahl Knüdel • schlampige, nachlässige Frau

knüsselije Pitter • Spottname für eine unordentliche Erscheinung

Knüselspott • Dreckspatz

Knuselsmatant • schlampige, sich nicht sauber haltende Frau

Kommisskopp • (= Kommisskopf, Kommiss in der Bedeutung von Militär); jemand der sich durch Lautstärke, befehlendes Wesen hervortut

Korinthekacker • etwas weniger derbe Form für „Kacker"

Köttminsch • Frau, die ständig ankommt, um etwas auszuleihen

Kotzkümpche • (= Spucknapf); jemand Widerliches

Krachmächer • (= Krachmacher); notorischer Streithahn

kradich Weech • zickiges, aufmüpfiges Mädchen

Krakieler • jemand der ständig Streit sucht, der alles und jeden lautstark schlecht macht

Kratzbösch • (= Kratzbürste); Schimpfwort für zänkische, übellaunige Person

Krebbenbeißer • (= Krippenbeißer / bissiges, leicht erregbares Pferd); Schimpfwort für cholerische, aufbrausende, jähzornige Person

kritzjes Kräuler • Kleinigkeitsfanatiker

Korinter • abgeleitet von Korinthe bzw. deren äußerem Erscheinungsbild: verschrumpelt, ausgetrocknet; im übertragenen Sinne für notorisch mürrische, unzufriedene, alles bemängelnde Person

Krönzel • (= Stachelbeere); im übertragenen Sinne für „Zimperliese", überempfindliches, vornehmtuerisches Mädchen, *„Su en fing Krönzel!"* (fing = fein)

Kroppaasch • siehe „Krottaasch"

ahl Krötsch • wehleidige, hypochondrische Frau

Krottaasch • Zusammensetzung aus „Krott" (Kröte) und „Aasch" (Arsch); Schimpfwort für Jungen oder auch für kleine Personen, die sich überheblich und unangemessen großspurig benehmen

Krüffer, auch **Aaschkrüffer** • Kriecher

Kühmbrezel • (kühme = stöhnen); abwertende Bezeichnung für jemanden der ständig jammert und stöhnt

Kuleskopp • wörtlich etwa: Kugelkopf; abwertend für engstirnige, geistig unbewegliche Person

dä hät sich em Kummepott jewäsche • (= der hat sich im Nachttopf gewaschen); für ungepflegten, schmutzigen, stinkenden Menschen

Labberdanes • abgeleitet von „labbere" (= schwanken); abwertende Bezeichnung für einfältige, läppische Person

Labberitz • abgeleitet von „labbere" (= schwanken); Bezeichnung für einfältige, läppische Person

Labbes • Lümmel, ungezogener Mensch

Ladepöppche • (= Ladenpüppchen); für zimperliches, vornehmtuerisches Mädchen

Lällbeck • Schimpfwort für dumme, unreife Person, die großspurig und besserwisserisch überall mitreden will

Landpomeranz • spöttisch für tollpatschige, naive Frau

versoffe Läppche • Trinker; jemand der dem Alkohol zu häufig zuspricht

Latzendresser • (= Lattenscheißer); spöttische Bezeichnung für lange, schlaksige Person

Laumann • jemand der auf Kosten anderer eine ruhige Kugel schiebt, der sich nur scheinbar anstrengt, während die anderen sich abmühen

Lauskäl • (= Lausekerl); frecher Kerl, Bengel

beleidisch Levverwoosch • (beleidigte Leberwurst); für eingeschnappte Person

Lodderjan • schlampiger Mensch, fauler Mensch

Loor • für hinterlistige, intrigante Person

Lossmichjon • (= Lass mich gehen); abwertend für phlegmatische, träge Person

Lossmichston • (= Lass mich stehen); wie „Lossmichjon"

Lump • Schimpfwort für bösartige, gemeine, betrügerische Person

Lumpeminsch • ungepflegte, verlotterte Frau

Lumpepack • Gesindel

Lumpesack • siehe „Lump"

drüje Manes („drüje" = trocken, „Manes" abgeleitet vom Rufnamen Hermann); mundfauler, schweigsamer Mensch

Ein anderer bekannter MANES, der *Speimanes* (eine der Hauptfiguren aus dem Kölner Hänneschen-Theater), zeichnet sich weniger durch Trockenheit aus, sondern vielmehr durch seine feuchte Aussprache.

Matzbotz • abgeleitet von „Malz" (= Matthias) und „Botz" (= Hose); abwertende Bezeichnung im Sinne von Schwächling

Messfink • Schmutzfink; auch für unmoralische Person

Möffer • abgeleitet von „Möff" (Gestank); stinkende, schmutzige Person

do afjebrannte Mömmes • (= „du abgebrannter Mümmes"); Schimpfwort für wenig geschätzte Person

Mömmesdrieher • jemand der den Mümmes (= Nasenpopel) zwischen den Fingern dreht

su ne Mömmesfresser • Schimpfwort für Geizkragen; jemand der aus Geiz am Essen spart

Mömmesplücker • (= Nasenbohrer / „Mömmes" = Nasenpopel)

Mondkalv • (= Mondkalb); spöttische Bezeichnung für unförmige dicke Person

Mondjeseech • (= Mondgesicht); spöttisch für jemanden mit rundem, breitem Gesicht und dicken Backen

Möpp • (= Hund / Mops); *„widerliche Möpp"*

fiese Möpp • widerlicher Mensch

Mopsjeseech • (= Mopsgesicht); siehe „Mondjeseech"

Mulschwader • Angeber

Murkes • Griesgram, einsilbige Person

Muuzekopp • grießgrämiger, schlechtgelaunter Mensch

Muuzepuckel • siehe „Muuzekopp"

Nihflitsche • für Nähmädchen; Schimpfwort für Frauen mit lockerem Lebenswandel

Wat für en schön Tant Nett!

Was für eine aufgedonnerte (eingebildete) Schönheit (Tante Anette)!

Nixnotz • (= Nichtsnutz); Flegel

Nöttelfönes • (= Meckerfritz); notorischer Nörgler

Nöttelhans • siehe „Nöttelfönes"

Nuppohr • abgeleitet von „nuppen" = schlagen, stoßen; Schimpfwort für intrigante, bösartige Person

dauv Nuss • (= taube Nuss, leere Nuss); im übertragenen Sinne für angeberische Person

drümelije Ooß • (= verträumter Ochse); Tagträumer

Ohrebläser • Hetzer, Intrigant

Öljötz • (= Ölgötze); spöttisch für „ungelöste", auf äußere Form bedachte Person

Ömstandskriemer • (= Umstandskrämer)

Ooßendriever • (= Ochsentreiber); derbe Person

Ooßekopp • (= Ochsenkopf); Schimpfwort für dumme, beschränkte Person

AAPESTETZ
ABER HALLO!

Dir spillt et em Ovverstüffje! • („Ovverstüffje" = Oberstübchen); „Du bist nicht ganz richtig im Kopf!"

Pack • Gesindel

Päckelchesdräjer • (= Päckchenträger); ironisch für servile, allzu beflissene Person

Do hölzern Päd • (= „Du hölzernes Pferd"); spöttisch für tollpatschige, steife Person

Pädsschinder • (= Pferdeschinder); Rohling

Pannekochejeseech • (= Pfannkuchengesicht); spöttische Bezeichnung für jemanden mit vollem, rundbackigem Gesicht

Jangk doch dohin, wo der Peffer wäss • (= „Geh doch dahin, wo der Pfeffer wächst"); jemanden weit weg wünschen; jemanden auf unfreundliche Weise auffordern zu verschwinden

Peffernas • (= Pfeffernase); spöttisch für hochnäsige, überhebliche Person

Pellendresser • (= Pillenscheißer); Schimpfwort für jemanden, der sich an Nebensächlichkeiten, Kleinigkeiten aufhält; Krämerseele

Do enjebilte Penn • abgeleitet von „Penn" (= Nagel, Stift); Schimpfwort für hochnäsige Person

Pennbroder • Landstreicher; Schimpfwort für Person, die man als wenig wertvoll ansieht

Penningsknüver • Geizkragen

Pimok • spöttische Bezeichnung für Ausländer

NATUR-
VERBUNDENER
BERUF MIT 14
BUCHSTABEN?
MÖMMES-
PLÖCKER!

knüsselije Pitter • eine unordentliche Erscheinung

Plaatekopp • (= Glatzkopf); Mann mit Glatze

Plackfisel • abgeleitet von „Plack" (= Ausschlag, Schorf); Schimpfwort für schmutzige, widerliche (auch im moralischen Sinne) Person

PITTER – das ist zum einen die kölsche Version des Vornamens Peter; als *„su ne Pitter..."* wird aber auch gerne belustigend jeder (Mit-)Mensch bezeichnet, der durch sein Äußeres oder seine besondere Art die Aufmerksamkeit erregt.

Plackfooz • abgeleitet von „Plack" (= Ausschlag, Schorf) und „Fooz" (= Furz); derbes, starkes Schimpfwort

Plackmul • abgeleitet von „Plack" (= Ausschlag, Schorf) und „Mul" (= Mund, Maul); Schwätzer, verleumderische Person

Platschjeseech • spöttische Bezeichnung für volles, rundes Gesicht

Pludertäsch • (= Plaudertasche); Klatschmaul

Plümenbrüffer • Langschläfer

Plumpejanes • Rohling, Grobian

Plutekopp • spöttische Bezeichnung für schlecht frisierte Frauen

Plutenaas • spöttisch für Menschen mit dicker, auffallender Nase

Preußekopp • verächtlich für überkorrekte Person

schäle Printe • (= schielende Printe); unübersetzbar, lokal verbreitetes Schimpfwort für wenig geschätzte Person

Pröttelhex • Schimpfwort für notorischen Nörgler, verdrießliche, brummige Person

Prummebützer, Prummestricher • (prumm = Vagina); einer der die Frauen anmacht

Prummekacker • (= Pflaumenkacker); langweilige, initiativlose Person

Pumadehengs • (= Pomadenhengst); spöttische Bezeichnung für Schürzenjäger, aufgeputzten Galan

Besser en Plaat als jar kein Hoor.

Lieber eine Glatze als gar keine Haare.

Pussierstengel • Schürzenjäger

Quaatschkopp • notorischer Jammerlappen

Quadratschnüss • Schimpfwort für Aufschneider, Angeber

Quallmann • (= Quellmann / Pellkartoffel); spöttisch für dicke Person

Quaselkopp • verächtlich für jemanden, der ständig dummes Zeug redet

Quaselmanes • siehe „Quaselkopp"

Quatschkaastenmännsche • Langeweiler, Schwätzer

Quatschkopp • Schwätzer, Langeweiler

Raafalles • Schimpfwort für habgierige Person

Raafzäng • siehe „Raafalles”

Rappeldames • spöttisch für tollpatschige Person

Rappelkopp • spöttisch in der Bedeutung von „Wirrkopf”

Ratteminsch • Schimpfwort für intrigante, freche Frau

Rebbejespens • (= Rippengespenst); spöttische Bezeichnung für dürre Person

Renommierstengel • Angeber, Prahlhans

Rievkoochejeseech • (= Reibekuchengesicht); spöttisch für Personen mit narbigem, pickeligem Gesicht

Rotzbengel • Lümmel, Frechdachs

Rotzlöffel • (= Rotzlöffel); Lümmel, Frechdachs

Rubbelkanes • hektisch auftretender, Unruhe verbreitender Mensch

Dat hät en Schnüss, dat kann de Sparjel quer esse.

Die hat einen Mund, mit dem sie einen Spargel quer essen kann.

Sabbelschnüss • („sabbeln“ = sprechen, „Schnüss“ = Mund); Schwatzmaul; jemand der gerne viel (über andere) redet

Sack • siehe „fuuler Sack”

Sau • Schimpfwort für unsaubere Menschen; derbes Schimpfwort für weibliche Personen („*Du ahl Sau!*” = Du alte Sau!, „*decke Sau!*” = dicke Sau!)

PLAATE-
KOPP!
ENTZÜCKEND!
WAS HEISST
DAS?
DISC-
JOCKEY VIEL-
LEICHT?

Saubalch • (= Saubalg); Schimpfwort für ungezogenes Kind

Saubies • (Saubiest); Bezeichnung für einen Menschen, von dem man nichts hält

Saudier • (= Sautier); gebräuchlich für ein schmutziges, lästiges Tier; auch: Schimpfwort für weibliche Personen

Säuet • (= Sauhirte); im übertragenen Sinne für schmutzige Person

Saufroß • (= Saufraß); wenig schmackhaftes Essen

Sauhungk • (= Sauhund); gemeine, unsaubere Person

Saujesöffs • (= Saugetränk); schlecht schmeckendes Getränk

Saujung • (= Saujunge); schmutziger Junge; frecher Junge

Dä es esu schäl, dat ihm die Träne de Rögge eraflaufe.

Der schielt so stark, dass ihm die Tränen den Rücken herunterlaufen.

Saukäl • (= Saukerl); mieser, schlechter Mensch

Saulömmel • (= Saulümmel); frecher Kerl

Saumage • (= Saumagen); ein alles vertragender Magen; verächtlich für unsaubere Person

Sauminsch • (= Saumensch); derb für weibliche Person im Sinne von nachlässig, liederlich

Saunickel • (= Schweinenickel / „Nickel" = Abk. für Nikolaus); allgemein für unbeliebten Menschen; besonders schmutzige Person

Schääl • kurzsichtiger Mensch

Schabauskrat • („Schabau" = Kornbranntwein); Schimpfwort für jemanden der sich oft mit Schnaps betrinkt

Schabausül • („Schabau" = Kornbranntwein, „Ül" = Eule); mieser Sänger

Schachtel • spöttisch für ältere weibliche Person, *„de ahl Schachtel"*

Schandmul • (= Schandmaul); Bezeichnung für jemanden, der schlecht über andere spricht

Schapp • (= Schabe, Krätze); schäbige Person; auch: kratzbürstig

Scheißkäl • (= Scheißkerl); ängstlicher, feiger Kerl

Schesser • (= Scheißer); feiger Mensch, auch: Bangenscheißer

Schlabberschnüss • ein Mensch, der dauernd seinen Mund aufmacht, der viel redet

Schlabbes • schlapper Mensch

Schlammdaggel • einer der im Dreck wühlt

Schlamp • (= Schlampe); schmutzige, unordentliche weibliche Person

Schlappschwanz • Schwächling

Schliemdrisser • (= Schleimscheißer); jemand der sich bei anderen auf üble Art einschmeichelt („einschleimt") zu seinem eigenen Vorteil

SCHÄL!
TU ICH DOCH!
HB

Schlofmötz • (= Schlafmütze); langsame, unaufmerksame Person, auch: „Schlafsül" = Schlafeule

Schlotterkopp • unsicherer Mensch

Schluckalles • („schlucke" = schlucken); jemand der alles haben will; gieriger Mensch

Schludder • nachlässige Person, z.B. in unordentlicher Kleidung

Schluffes • Person die schleichend, schlurfend geht. „Schluffe" sind ausgetretene Pantoffeln. Ein Schluffes ist jemand, der sich bewegt, als liefe er mit ausgelatschten Schlappen.

Schlummerkopp • (Schlummerkopf); schläfriger, träumerischer Mensch

Schlunz • unordentliche weibliche Person

Do bes nit schön, ävver selde.

Du bist nicht schön aber selten.

Schmeerlapp • (= Schmierlappen); Schmutzfink, besonders gebräuchlich auch für Kinder, die beim Essen schlabbern

Schmuddel • klebriger Schmutz; unsaubere Person

Schmuddelpott • siehe „Schmeerlapp"

Schnadderelster • Schwätzerin; Frau die mit unangenehmer Stimme viel redet

Schnäuv • neugierige Person, die die Nase in alle Dinge hineinsteckt

Schnibbel • („schnibbele" = schneiden, schnippeln); im übertragenen Sinne: Luftikus, unreife Person

Schnüsel • (= Schnösel); unreifer Kerl, frech und vorlaut

Schnüssemieber • griesgrämige Person

Schnüssetring • („Schnüss" = Mund, „Tring" = Trina); weibliche Person, die schnell beleidigt ist und schmollt, eine redegewandte Frau

Schofsjeseech • (= Schafsgesicht); spöttisch für jemanden, der einen einfältigen Eindruck macht

Schofskopp • (= Schafskopf); Dummkopf, Einfaltspinsel

Schraatelsch • („schraatele" = schreien, kreischen); eine Frau, die mit unangenehmer kreischender Stimme spricht

Schraatelsmul • siehe „Schraatelsch"

Schrapphex • („schrappe" = abkratzen, auch Geld zusammenhalten); für geizige, alte Frau

Schruutekopp • („schruut" = dumm); ungeschickte Person; Dummkopf

Schwaatschnüss • Vielredner, Sprücheklopfer, schwatzhafter Mensch

Schwachmatikus • Schwächling

Schwademage • (= Schwartenmagen); für dickleibige Person

Seivermul • (= Seibermaul); langweiliger Schwätzer

Soorpott • (= Sauertopf); griesgrämige Person

Speckhammel • dickleibige Person

Speckjuv • („Juv" = Weißfisch); dickleibige Person

Speimanes • spöttische Bezeichnung für jemanden, der eine feuchte Aussprache hat; auch einer der Originale im Kölner Hänneschen-Theater

Spetzbov • (= Spitzbube); listige Person

Stänekicker • (= Sternengucker); verträumte Person

Stänker • („stänkere" = Unfrieden stiften); Zankapfel

Steftekopp • („Steft" = Stift); Person mit kurzgeschorenem Haar

Stinkbüggel • (= Stinkbeutel); ungepflegte Person

Stinkert, Stinkes • Person, die unangenehm riecht

Stinkstivvel • (= Stinkstiefel); kleinlicher, unangenehmer Mensch

Stockfesch • (= Stockfisch); dumme, ungeschickte Person

Struuchdeeb • Strauchdieb

Strühkopp • (= Strohkopf); Dummkopf

Strunzer • Angeber

Trampeldeer • (= Trampeltier); ungeschickte, plumpe Person

Tränebüggel • lahmer, initiativloser Mensch

Tronen- oder **Tränendeer** • jemand der schnell in Tränen ausbricht

Verdötsch • nicht ganz gescheit

verröck • verrückt, nicht mehr ganz normal

Vollmondsjeseech • (= Vollmondgesicht); für Personen mit rundem Gesicht

Vollül • („Ül" = Eule); Besoffener, Säufer

Vörwetz(nas) • Vorwitz(nase); besonders für neugierige Kinder gebräuchlich

Waffelieser • (= Waffeleisen); für alte, runzlige Frau

Waggelent • (= Wackelente); für rundliche Frauen, die beim Gehen watscheln wie eine Ente

Wäschlappe • (= Waschlappen); Person ohne Charakter, kraftloser Mensch

Wäschwiev • (= Waschweib); geschwätzige Person (Männer und Frauen)

Wickaasch • („wick" = weit, breit); jemand mit einem breiten Hinterteil

Zänkersch • („zänke" = zanken); streitsüchtige Frau

Zantipp • (Xanthippe = Frau des Sokrates, der man Bösartigkeit und Streitsucht nachsagte); zänkisches Weib

Zowäschdriever • Querkopf

Zubbel • unordentliche Frau

Zubbelsfott • Frau mit dickem Hinterteil

Ding Jeseech un minge Aasch künnte Bröder sin.

Dein Gesicht und mein Hintern könnten Brüder sein.

SPEIMANĖS!

Schänge künne och Imis

Schimpfwortregister Hochdeutsch / Kölsch

Affen... • Aape...; z. B. in: Aapefott (Affenarsch), Aapejeseech (Affengesicht), Aapestetz (Affenschwanz)

aggressiver Mensch • Klut

Alkoholiker • versoffe Läppche, Schabauskrat, Vollül

Angeber • Futzemann, Jroßmul, Mulschwader, dauv Nuss, Quadratschnüss, Renommierstengel, Strunzer

KLUTEMANN – so nannte man früher in Köln die derben Hafenarbeiter und Kohlenträger.

Angsthase, ängstlicher Mensch • Bangendresser, Hasefoß

angsteinflößender Mensch • (Schreckensgestalt für Kinder) Buuzemann, Kinderzänker

Anmacher; einer, der die Frauen angrapscht • Föttchesföhler, Prummebützer, Prummestricher

Arsch, Hintern • Fott, Föttsche

Arsch... • Aasch...; z.B.: Aaschejeseech (Arschgesicht), Aaschkröffer, Aaschkrutter (Arschkriecher), Krottaasch

aufbrausender, cholerischer Mensch • Heffebutsche, Hetzkopp, Krebbenbeißer

aufmüpfiges Mädchen • kradich Weech

Befehlshaberischer, lauter Mensch • Kommisskopp

beleidigter, schnell eingeschnappter Mensch • beleidisch Levverwoosch, Schnüssetring

Besoffener • Vollül

Besserwisser • Klochscheißer, Lällbeck

Betrüger • Fuuteler, Lump

Bohnenstange • Bunnestang

brummiger, muffeliger Mensch • Banneseeres, Brummes, Jriesgram, Jrumbär, Pröttelhex, Schnüssemieber, Soorpott

Charakterlich hohler Mensch • Bloosrohr, Wäschlappe

charakterloser, ehrloser Mensch • avjelekte Herringsstetz, Kackstivvel, e nett Kadettche, Sauhungk, Saukäl, Sauooß, Scheißkäl

Choleriker, aufbrausender Mensch • Heffebutsche, Hetzkopp, Krebbenbeißer

Destruktiver Mensch • Kapottmächer

Dickkopf • Bumskopp, Deckkopp

Donnerwetter • Donnerletch

Dummkopf, Blödmann, Einfaltspinsel • Blötschkopp, Blötschnas, Döppe, Idijot, Kaffer, Kappesboor, Kappeskopp, Labberdanes, Labberitz, Lällbeck, Ooßekopp, Schofsjeseech, Schofskopp, Schofsnas, Schruutekopp, Strühkopp

Engstirniger Mensch • Holzkopp, Kuleskopp

eigensinniger, unbelehrbarer Mensch • Knollekopp

Erbsenzähler (überpedantischer Mensch) • Ähzezäller

Faulenzer • Fuulenzer, fuuler Sack, „do stief Jedresse", Laumann (= faul auf Kosten Anderer), Lodderjan, Lossmichjon, Lossmichston, fuuler Sack, Schlofmötz, Schlofül

Federfuchser • Fedderfuchser

Feigling • Bangendresser, Bangenschesser, Hasefoß, Schesser

Flittchen • Nihflitsche

frecher, unerzogener Mensch • Balch, Lauskäl, Saulömmel

Frau die ständig ankommt, um etwas zu erbitten oder auszuleihen • Jrantelersch, Köttminsch

(lästiger) Gast; einer der nie merkt, wenn es Zeit ist zu gehen • Klävkrückche

Galgenstrick • Jaljestropp

Gauner, Lump • Düvelshungk, Hanak, Halunk, Halsafschnigger, Jaljestropp, Lump, Lumpesack

geiler Alter • (geiler Mensch) ahle Bienebüjjel

Geizhals • Jeizhals

geizige Frau • Kaffemöhn, Schrapphex

geiziger Mensch • Knacker, Knickstivvel, Kniesbüggel, Kniesohr, Mömmesfresser

Gesindel • Haggepack, Horepack, Kadderlak, Kanaljepack, Klutepack, Lumpepack, Pack

Griesgram • Jriesgram, Murkes, Muuzekopp, Muuzepuckel, Schnüssemieber, Soorpott

Grobian • Jrovianes, Plumejanes

Großmaul • Jroßmul

Habgieriger Mensch • Raafalles, Raafzäng, Schluckalles

Halsabschneider, Wucherer • Büggelschnigger, Halsafschnigger (siehe Betrüger)

Halunke • Halunk, Hanak

Hanswurst • Hanswoosch

Hasenfuß • Hasefoß

Hausdrache • Huusdrache

Hausmann (verächtlich) • Döppchenskicker

herrschsüchtige Frau • Fäch

hinterhältiger Mensch • Heimdücker, Loor

hektischer Mensch • Rubbelkanes

hochnäsige Person • Peffernas, enjebilte Penn

hochnäsiges, vornehmtuerisches Mädchen • Krönzel, Ladepöppche

Holzkopf • Holzkopp

Hundsfott • Hungsfott

Hure • Horeminsch, Schlamp

Hurenpack • Horepack

hypochondrische Frau • ahl Krötsch

Hypochonder • Knaatsch, Knaatschsack, Knaatschkopp, Kühmbrezel

Intrigant • Heimdücker, Klaafmul, Klaafschnüss, Klatschbies, Loor, Nuppohr, Ohrebläser, Ratteminsch

Jähzorniger Mensch • Heffebutsche, Hetzkopp, Krebbenbeißer

Jammertopf • Jömerpott

Kakerlak • Kadderlack

Kackarsch • Kackaasch

Kacke • Kack, su ‘ne Kack’

Katzenmusik, unharmonischer Gesang • Katzejemau, Katzejesang

Kerl (so’n Kerl) • (su ne) Kabänes

Kinderschreck • Buuzemann

Kindskopf • Babaditzje

Klatschbase • Klatschbaas

kleinkarierter, kleinlicher Mensch, Krämerseele • Kacker, Korinthekacker, Känedrießer, kritzjes Kräuler, Ömstandskriemer, Pellendresser, Preußekopp, Stinkstivvel

Klugscheißer • Klochscheeßer

Knochengerüst • Knochejerämsch

kraftloser, schlapper Mensch • Schlabbes, Schluffes, Wäschlappe

Kratzbürste • Jepekrätzer, Kratzbösch, Schapp

Kriecher • Krüffer

kurzsichtiger, schlecht sehender Mensch • Schääl

Landstreicher • Pennbroder

Langeweiler • Drüchkäl, Dusel, Prummekacker, Quatschkaastenmännche, Tränebüggel

Langschläfer • Plümenbrüffer

Lausekerl • Lauskäl

liederliche Frau • Horeminsch, Nihflitsche, Schlamp

Luftikus • Schnibbel

Lümmel, Flegel, jemand der sich schlecht benimmt • Flabbes, Fläjel, Flappohr, Labbes, Lömmel, Nixnotz, Rotzbengel, Rotzlöffel

Lump, Gauner, Halunke • Düvelshungk, Hanak, Halunk, Halsafschnigger, Jaljestropp, Lump, Lumpesack, (Sau-) Lump

Mannstoll • kälsdoll, kälsjeck

Mickerling • Kaastemännche

Mist, Scheiße • Dress

Mondkalb • Mondkalv

Muffel • Banneseeres

Muttersöhnchen • Kadett (e nett Kadettche)

Naive Frau • Landpomeranz

Narr • Jeck (auch typisch kölsche Bezeichnung für den Mitmenschen)

Nicht-Kölner • Imi

Nichtsnutz • Nixnotz

niederträchtiges Weib • Kanalje

neckische Person, jemand der andere gerne aufzieht • Fopper

(allzu) neugierige Person • Schlammdaggel, Schnäuv

nörglerische Frau • Jöz, Pröttelhex

nörglerischer Mensch • Knotterpott, Korinter, Nöttelfönes, Nöttelhans

Ochsenkopf • Ooßekopp

Ölgötze • Öljötz

Pedantischer Mensch • Ähzezäller

Pennbruder • Pennbroder

Pferdeschinder • Pädsschinder

Pfeffernase • Peffernas

Plaudertasche • Pludertäsch

Quasselstrippe (auch: Frau mit frechem Mundwerk) • Kaffemüll, Klatschbaas, Quaselkopp, Quaselmanes

Querkopf • Zowäschdriever

Raffzahn • Raafzäng

Regenrinnen-Scheißer • Kallen-Dresser

Rohling • Ooßendriever, Pädsschinder, Plumpejanes

Sau • Sau, z.B. in: ahl (alte) Sau, decke (dicke) Sau, Sauhungk (Sauhund), Saukäl, Saulömmel, Saumage, Sauminsch, Saunickel

Sauertopf • Soorpott

Säufer • versoffe Läppche, Schabauskrat, Vollül

schäbig aussehender Mensch • Schapp

Schafsgesicht • Schofsjeseech

Scheiße • (su 'ne ...) Dress / Drieß, Driss, Kack

Scheißer • Kacker, Drießkopp

Scheißkerl • Drießkäl

Schlafmütze • Döskopp

Schlägertype • Klopphengs

schlampiger Mensch • Huddeler, knüsselije Pitter, Lodderjan, Schludder, Schlunz

schlampige Frau • Huddelsminsch, Klunt, Knudelsminsch, ahl Knüdel, Knuselsmatant, Schlamp, Zubbel

schlecht frisierte Frau • Plutekopp

sich schlecht haltender Mensch • Schlabbes, Schluffes

schlechter (alkoholisierter) Sänger • Schabausül

Schleimscheißer • Schliemdrisser

Schleimer • Kalfakter, Päckelchesdräjer

(Ein-)Schmeichler • Aaschkröffer, Aaschkrutter, Kalfakter, Krüffer, Päckelchesdräjer, Schliemdrisser

schmuddeliger, ungepflegter Mensch • dreckelige Hals, Knüselspott, Knuselsmatant, Möffer, Säuet, Saumage, Sauminsch, Schlunz, Schmeerlapp, Schmuddel, Schmuddelpott, Stinkbüggel, Stinkert, Stinkes

Schmutzfink • Messfink

(weiblicher) Schürzenjäger • Jungeläufer

Schürzenjäger • Karesseerstengel, Pumadehengs, Pussierstengel

Schwächling • Herringsbändijer, Matzbotz, Schlappschwanz, Schwachmatikus

Schwätzer • Bäbbelschnüss, Blubber, Bubbelazius, Flatschmul, Plackmul, Pludertäsch, Quaselkopp, Quaselmanes, Quatschkaastenmännsche, Quatschkopp, Sabbelschnüss, Schlabberschnüss, Schnadderelster, Schnüssetring, Schwaatschnüss, Seivermul

schweigsamer Mensch • drüje Manes

Schuft • Halunk

Spitzbube • Spetzbov

starrköpfiger Mensch • Eselskopp

Streber • Kalfakter

streitsüchtiger Mensch • Kesselflecker, Krachmächer, Krakieler

streitsüchtige Frau • Zänkersch, Zantipp

Strohkopf • Strühkopp

Tagträumer • drümelije Ooß, Schlummerkopp, Stänekicker

taube Nuss • dauv Nuss

Taugenichts / **Tunichtgut** • Taugenix, Jaljestropp

Teufel • Düvel

Tölpel, Tollpatsch, Depp • Döppe, Hanswoosch, Kalv, Kalverdräjer, Kalvskopp, Rappeldames, Trampeldeer

tölpelhafte Frau • Landpomeranz

Trinker • versoffe Läppche, Schabauskrat, Vollül

Überkorrekter Mensch • Preußekopp

Umstandskrämer • Ömstandskriemer

unangenehmer Mensch • Klätschauch, Klätschkopp, Kotzkümpche, fiese Möpp, Plackfiesel, Sauhungk, Saukäl, Saumage, Sauminsch, Saunickel, Sauooß, Scheißkäl

ungelöster Mensch • Öljötz, Stockfesch

ungezogenes Kind • Saubalch

unkollegialer Geschäftsmann • Kapottmächer

unmoralischer Mensch • Ferkeskopp, Messfink, Nihflitsche, Plackfisel, Saubies, Sauhungk, Schlamp

unreifer Mensch • Kackdresser, Schnibbel, Schnüsel

unsicher auftretender Mensch • Schlotterkopp

unzuverlässiger Mensch • Kadett

Verleumder • Andräjer, Klaafmul, Klatschbies, Klaafschnüss, Klatschminsch, Ohrebläser, Plackmul, Schandmul, Schlammdaggel

verrückter Mensch • Jeck, Knallkopp, Knatschjeck, Rappelkopp

Vetternwirtschaft betreibender Mensch • Klüngeler

Waschweib • Wäschwiev

wehleidige Frau • ahl Krötsch

wehleidiger Mensch, Jammerlappen • Knaatsch, Knaatschsack, Knaatschkopp, Kühmbrezel

wertloser, wenig geschätzter Mensch • Kaastemännche, Pennbroder, schäle Printe

widerlicher Mensch • Kotzkümpche, fiese Möpp, Plackfiesel, Sauhungk, Saukäl, Saumage, Sauminsch, Saunickel, Sauooß, Scheißkäl

Wirrkopf • Rappelkopp

Wucherer, Halsabschneider • Büggelschnigger, Halsafschnigger

Zänkische Frau • Huusdrache

zänkischer Mensch • Jepekrätzer, Kesselflecker, Kratzbösch, Stänker

Zimperliese • Krönzel, Ladepöppche

Ahl Kasteroll und Knochejerämsch
Wenn einer mal nicht so schön ist...

alte, runzlige Frau • ahl Kasteroll, Waffelieser

bleichgesichtiger Mensch • Klatschkiesjeseech

dicker Mensch • Decksack, Kanonestopper, Klötsch, Mondkalv, Mondjeseech, Mopsjeseech, Pannekochejeseech, Quallmann, Schwademage, Speckhammel, Speckjuv

dicke Frau mit watschelndem Gang • Waggelent

dünner, dürrer, schlaksiger Mensch • Bunnestang, Jespens, Knochejerämsch, Latzendresser, Rebbejespens

Fischgesicht • Feschjeseech

Frau mit kreischender Stimme • Schraatelsch, Schraatemul

kleiner, rundlicher Mensch • Knubbelfutz

Mensch mit dicker Nase • Katömmelchesnas, Plutenas

Mensch mit dickem Hinterteil • Kippaasch, Wickaasch, Zubbelsfott

Mensch mit spitzem Kinn • Kennepapa

Mensch mit feuchter Aussprache • Speimanes

Mensch mit kurz geschorenem Haar • Steftekopp

Mensch mit Pickel-Gesicht • Rievkochejeseech

Vollmondgesicht • Vollmondjeseech, Platschjeseech

Mopsgesicht • Mopsjeseech

Pfannkuchengesicht • Pannekochejeseech

rothaariger Mensch • Fuss

vierschrötiger Kerl • Kabänes

Hayit Ratgeber – bestens beraten

Stress erfolgreich bewältigen

Stress bestimmt unser Leben mehr als wir ahnen. Mit Stress lässt sich jedoch umgehen, man muss nur wissen, wie! Der Stressmediziner Wolfgang Erlend Rosenberg bietet in diesem Ratgeber Informationen und Tipps zur Stressbewältigung.

Wolfgang Erlend Rosenberg, **Stress erfolgreich bewältigen.** Das richtige Verhalten bei Stress-Belastung, Hayit Ratgeber, 191 Seiten, ISBN 3-87322-073-3, 14,95 Euro

So verhandeln Sie erfolgreich in den USA

Eine der wichtigsten Voraussetzungen für Geschäftsverhandlungen in den USA ist der korrekte Gebrauch der amerikanischen Sprache. Der Politikwissenschaftler Makram Haluani schafft mit diesem Buch die Grundlage für erfolgreiche Verhandlungen.

Makram Haluani, **So verhandeln Sie erfolgreich in den USA.** Amerikanische Geschäftsgewohnheiten. Tu's und Tabus. Hayit Ratgeber, 96 Seiten, ISBN 3-87322-074-1, 14,95 Euro

Auswandern nach Australien

Ein neues Leben beginnen, alles hinter sich lassen – doch zuerst gilt es, sich in dem System australischer Einwanderungs-Regularien zurechtzufinden. Der Ratgeber bündelt relevante Informationen zu den Themen Auswandern nach und Leben in Australien

Sabine Mattern, **Auswandern nach Australien.** Tipps und Infos zu Visum u. Einreise, Jobsuche u. Leben in Australien. Hayit Ratgeber, 175 Seiten, ISBN 3-87322-082-2, 24,95 Euro

Hayit Medien
eine Unit von Mundo Marketing GmbH
Schreberstr. 2 • D-51105 Köln • Tel. 02 21 / 92 16 35-0 • Fax -24
E-Mail: info@hayit.de • www.hayit.de